또박또박 꾹꾹,
글씨로 마음의 힘을 길러요

생각이 트이고 마음이 단단해지는 어린이 필사 노트

또박또박 꾹꾹,
글씨로 마음의 힘을 길러요

분홍돌고래 엮음

펴내는 글

또박또박 쓰는 것만으로도
토닥토닥 힘이 되는 '필사'

"손금에 맑은 강물이 흐르고"
"날마다 새로우며 깊어지고 넓어진다."
"햇살도 둥글둥글하게 뭉치는 맑은 날"
"그대만큼 사랑스러운 사람을 본 일이 없다."

위 문장들은 수능시험 중 대리시험과 같은 부정행위를 방지하기 위해 필적을 확인하는 문구들입니다. 쓰는 사람 고유의 필체가 드러날 수 있는 짧은 문장들이 선택되지요. 그런데 이 문장들을 선택하는 기준은 또 있습니다. 바로 수험생에게 긍정적인 메시지를 안겨 주는 아름다운 문장이라는 거예요. 긴장된 시간 속에서 유일하게 허락된 감성의 순간, 마음을 달래 주는 문장을 또박또박 따라 쓰는 것만으로도 수험생들은 용기와 희망을 얻었다고 말해요. 이것이 바로 따라 쓰기, 즉 '필사'의 힘입니다. 나만의 필체로 직접 글씨를 쓰는 것은 빠르게 눈으로 훑고 나가는 독서

와는 다릅니다. 필사는 마음을 천천히 정화하는, 오랫동안 이어진 수련의 방법이에요.

요즘엔 컴퓨터나 휴대폰으로 후다닥 글을 옮겨 적을 수 있고, 심지어 AI는 음성만 듣고도 문서로 받아 적지요. 종이 위에 손으로 한 글자씩 쓰는 필사는 얼핏 비효율적으로 느껴지겠지만, 고요하게 흘러가는 필사의 시간 속에서 우리는 많은 변화를 경험할 수 있어요.

필사를 하면 집중력이 생깁니다. 쓰기에 집중하다 보면 나도 모르게 분주했던 마음이 차분해져요. 복잡했던 생각은 문장의 의미를 새기며 깊어지고, 나만의 창의적인 아이디어로 뻗으며 넓어지고요.

또 바르고 예쁜 글씨를 쓸 수 있게 됩니다. 예술적인 감각도 자라지요. 필체를 다듬는 것은 자기 자신을 다스리는 연습과도 같아, 인내심도 커지고 자신감도 생긴답니다.

힘든 순간에 일기에 끄적이면 힘이 되는 것처럼, 소중한 사람에게는 손편지를 쓰는 것처럼, 글씨를 쓰는 마음을 흠뻑 느낄 수 있도록 좋은 문장들을 뽑아 보았습니다. 우리 곁에 남겨진 아름다운 언어들을 매일 조금씩 필사하다 보면 우리 안에 단단함이 새겨질 거예요.

자, 그럼 단정하게 연필을 깎고 책상에 앉아 볼까요? 한 글자 한 글자 따라 쓴 문장들은 여러분 자신에게 가장 좋은 선물이 되어 줄 거예요.

분홍돌고래

바른 글씨 쓰는 법

바르게 글씨를 쓰면 대충 쓸 때보다 훨씬 많은 것을 얻을 수 있어요. 한 줄의 글 속에도 숨어 있는 깊은 의미를 발견하기 위해 바른 글씨 쓰는 법을 알아볼까요?

☀ 바른 자세 유지하기
허리를 곧게 펴고, 팔을 자연스럽게 책상 위에 올려놓으세요. 머리가 너무 노트와 가까워지지 않도록 조심하세요. 바른 자세로 글씨를 써야 오랫동안 써도 피로감을 덜 느낄 수 있어요.

⚽ 가로와 세로의 균형 잡기
바른 글씨는 명확하고 균형 잡힌 글씨를 말해요. 가로와 세로가 비슷한 길이가 되도록 쓰는 연습을 해 보세요.

● 일정한 크기와 간격 유지하기
모든 글씨들이 비슷한 크기로 보이도록 써 보세요. 또, 글자 사이의 간격도 일정하게 유지해야 깔끔하고 읽기 편안하답니다.

❋ 적당한 힘으로 쓰기
글씨가 너무 흐리면 다른 사람이 읽기가 어려워요. 반대로 너무 강하게 쓰면 금방 손이 아프고 피곤해지지요. 적당한 힘을 유지하면서 글씨를 써 보세요. 또렷하고 힘이 있는 글씨체가 만들어질 거예요.

글씨는 단순히 정보를 전달하는 수단이 아니라
사람의 마음가짐과 내면 상태를 파악하는 창입니다.
가장 중요한 것은 서두르지 않고 천천히,
그리고 정확하게 쓰려는 마음이랍니다.

차례

① 1장
내 마음 고요히
고운 봄 길 위에
8

자연의 아름다움을 표현한 문장들

자연은 그 자체로 한 편의 시 같습니다.
천천히 따라 쓰다 보면 거대하고 아름다운 자연이 우리 마음이 안으로 들어올 거예요.

② 2장
달이 떴다고
전화를 주시다니요
60

소중한 사람들에 대한 문장들

사랑하는 사람을 생각하면 나를 아끼고 세상도 사랑하도 싶어져요.
마음을 담아, 누군가를 생각하며 따라 써 보아요.

③ 3장
내 기분은 내가 정해
112

마음을 다스리는 문장들

감정이 흔들릴 때 차분히 앉아 연필을 들어 보세요.
또박또박 마음을 쓰고 나면 훌훌 가볍게 자리에서 일어날 수 있을 거예요.

④ 4장
삶이 꽃다발처럼 환한 시작이야
164

삶의 희망을 노래하는 문장들

산다는 게 얼마나 눈부신 일인지 이 문장을 만나 보면 알 수 있어요.
오늘을 어루만지는 마음으로 꾹꾹, 나의 삶을 응원해 주어요.

1장

내 마음
고요히
고운
봄 길 위에

자연은 그 자체로 한 편의 시 같습니다.
천천히 따라 쓰다 보면 거대하고 아름다운 자연이
우리 마음이 안으로 들어올 거예요.

자연의 아름다움

내 마음 고요히 고운 봄 길 위에
오늘 하루 하늘을 우러르고 싶다.

☆ 김영랑 〈돌담에 속삭이는 햇발〉 중

우러르다 「동사」
「1」 위를 향하여 고개를 정중히 쳐들다.
「2」 마음속으로 공경하여 떠받들다.

Date

나는 이 귀한 시간을 슬그머니 동무들을 떠나서 단 혼자 화원을 거닐 수 있습니다. 단 혼자 꽃들과 풀들과 이야기할 수 있다는 것이 얼마나 다행한 일이겠습니까.

☆ 윤동주 〈화원에 꽃이 핀다〉 중

Date

자연의 아름다움

식당에서 혼자 밥을 먹는다. 올해 처음으로 오이를 먹는다. 오이의 푸름으로부터 여름이 온다. 5월 오이의 청량함에는 가슴이 텅 빈 것 같은, 쓰라리고 간지러운 슬픔이 있다.

☆ 다자이 오사무 〈여학생〉 중

Date

자연의 아름다움

흙에서 자란 내 마음
파아란 하늘빛이 그리워

☆ 정지용 〈향수〉 중

Date

자연의 아름다움

엄마야 누나야 강변 살자.
뜰에는 반짝이는 금모래빛.
뒷문 밖에는 갈잎의 노래.
엄마야 누나야 강변 살자.

☆ 김소월 〈엄마야 누나야〉 중

Date

꽃나무 사이 한 동이 술을
친구도 없이 홀로 따르네.
잔 들어 밝은 달을 맞이하니
그림자와 나와 달, 셋이 되었구나.

☆ 이백 〈월하독작〉 중

이백은 중국 당나라 시대에 최고의 시인이라고 평가받는 작가야. 자유로운 성격이라 이곳저곳을 방랑하며 다양하고 아름다운 시를 지었다고 해. 이백은 특별히 달을 좋아했고 술도 무척 좋아해 늘 술에 취해 시를 읊곤 했대. 강물에 떠 있는 달그림자를 잡으려고 손을 뻗다가 물에 빠져 세상을 떠났다는 전설도 전해지고 있어.

Date

자연의 아름다움

달빛의 물결은 흰 구슬을 머리에 이고 춤추는 어린 풀의 장단을 맞추어 넘실거립니다.

☆ 한용운 〈명상〉 중

Date

자연의 아름다움

하얀 눈 위에 구두 발자국.
바둑이와 같이 간 구두 발자국.
누가 누가 새벽길 떠나갔나.
외로운 산길에 구두 발자국.

☆ 동요 〈구두 발자국〉

Date

자연의 아름다움

강나루 건너서
밀밭 길을
구름에 달 가듯이
가는 나그네

☆ 박목월 〈나그네〉 중

Date

자연의 아름다움

자연은 가장 위대한 예술가이며, 우리는
그 예술 작품들을 천천히 감상해야 합니다.

☆ 존 러스킨

존 러스킨은 1800년대 영국의 미술 평론가야. 예술뿐 아니라 경제와 사회에도 관심이 많았어. 그래서 사회 사상가로도 훌륭한 글을 많이 남겼지. 그는 그림을 잘 그리려면 자연을 관찰하고 대상을 사랑해야 한다고 말했대. 러시아의 작가 톨스토이는 존 러스킨을 두고 전 세계와 모든 세대에서 가장 뛰어난 인물 중 하나라고 칭송하기도 했어.

Date

꽃 피는 사월이면 진달래 향기
밀 익는 오월이면 보릿내음새.

☆ 김동환 〈산 너머 남촌에는〉 중

Date

이것을 기억하라.
아름다운 석양을 위해서는
구름이 필요하다는 것을.

☆ 파울로 코엘료

Date

자연의 아름다움

작은 것이 높이 떠서 만물을 다 비추니
밤중에 광명이 너만 한 이 또 있느냐.
보고도 말 아니하니 내 벗인가 하노라.

☆ 윤선도 〈오우가〉 중

오우가는 조선 시대 윤선도가 지은 시조야. 다섯 친구에 대한 노래라는 뜻이지. 여기서 다섯 친구는 물, 돌, 소나무, 대나무, 달을 뜻해. 물은 깨끗하게 흘러서 좋고, 바위는 변함없어서 좋고, 소나무와 대나무는 사철 푸르러서 좋고, 달은 어두운 세상을 밝혀 주고 말이 없어서 좋다고 노래해. 조선 시대 선비들이 지녀야 할 바른 덕목을 자연에서 찾은 것은 아니었을까?

Date

송이송이 눈꽃송이 하얀 꽃송이.
하늘에서 내려오는 하얀 꽃송이.
나무에도 들판에도 동구 밖에도
골고루 나부끼네, 아름다워라.

☆ 동요 〈눈꽃송이〉 중

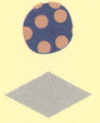

Date

자연의 아름다움

별 하나에 추억과
별 하나에 사랑과
별 하나에 쓸쓸함과
별 하나에 동경과
별 하나에 시와
별 하나에 어머니, 어머니.

☆ 윤동주 〈별 헤는 밤〉 중

Date

자연의 아름다움

추석이 내일모레 기둘리리
바람이 잦이어서 걱정이리
누이의 마음아 나를 보아라
"오-매 단풍 들것네."

☆ 김영랑 〈오-매 단풍 들것네〉 중

'오매'는 깜짝 놀랄 때 쓰는 전라도 사투리야. '들것네.'도 '들겠네.'를 방언으로 표현한 말이지. 전라남도 강진에서 태어난 시인은 구수한 전라도 사투리로 시를 썼어. 추석이 다가오는데 강한 바람을 걱정하는 누이에게 예쁜 단풍을 함께 보자며 달래 주는 화자의 마음이 사투리 덕에 더 생생하게 느껴지지?

Date

자연의 아름다움

하늘을 보렴.
더러운 것도 비추지만
어여쁜 것도 비추지 않든?

☆ 김우진 〈난파〉 중

Date

병을 낫게 하는 것은 자연이다.

☆ 히포크라테스

히포크라테스는 고대 그리스 시대의 의사로 '의학의 아버지'라고도 불려. 오랜 옛날에는 마술과 철학과 의학이 뒤섞여 있었는데 히포크라테스는 과학적인 방법으로 환자를 치료하고 병세를 기록했어. 그리고 의사들이 따라야 할 윤리적 자세를 담은 히포크라테스 선서를 만들기도 했지. 환자의 건강과 생명을 최우선으로 하고, 환자에게 해를 끼치지 않으며, 의사로서의 전문적인 책임을 다한다는 내용이 담겨 있어.

Date

자연의 아름다움

모든 것들은 다른 모든 것과
연결되어 있음을 깨달으십시오.

☆ 레오나르도 다빈치

레오나르도 다빈치는 예술가, 과학자, 발명가로 여러 분야를 넘나들며
활동했어. 다빈치는 창작을 하면서 모든 것이 연결되어 있다는 것을 깨
달았지. 자연 속의 모든 것들은 서로서로에게 영향을 끼치고, 여러 분야
의 지식들도 서로 연결되어 있어. 오늘날에는 우리의 작은 행동 하나가
지구 환경에도 영향을 끼친다는 것도 잊지 말아야겠지?

Date

자연의 아름다움

산처럼 앉아라.
어떤 바람도 산을 넘어뜨리지 못한다.

☆ 틱낫한 《너는 이미 기적이다》 중

Date

지혜로운 사람은 물을 좋아하고 어진 사람은 산을 좋아한다.
지혜로운 사람은 동적이고 어진 사람은 정적이며, 지혜로운 사람은 즐겁게 되고 어진 사람은 장수한다.

☆ 공자 《논어》 중

 공자는 중국 춘추 전국 시대에 살았던 위대한 사상가이자 교육가, 정치가, 철학가로 유교의 창시자로 여겨지고 있지. 공자의 위대한 생각은 중국, 한국, 일본 등 동아시아 문화와 사회에 큰 영향을 끼쳤어. 《논어》는 공자와 제자들의 대화가 기록된 책이야. 그 안에는 공자의 핵심적인 생각이 정리되어 있어서 오랜 시간이 흘러도 많은 사람들에게 읽혀지고 있어.

Date

하늘의 무지개를 볼 때마다
내 가슴은 한없이 뛴다.
어린 시절에도 그러했고,
다 자란 지금도 마찬가지.
나이 들어 늙어서도 그러하리라.

☆ 윌리엄 워즈워스 〈무지개〉 중

Date

하늘 밑 푸른 바다가 가슴을 열고
흰 돛단배가 곱게 밀려서 오면

☆ 이육사 〈청포도〉 중

Date

자연의 아름다움

오 아름다워라 저 하늘의 별들.
형님인 태양과 누님인 달은.
오 아름다워라 어머니이신 땅과
과일과 꽃들 바람과 불.
갖가지 생명 적시는 물결.

☆ 성 프란치스코 〈태양의 찬가〉 중

Date

자연의 아름다움

초록빛 바닷물에 두 손을 담그면
초록빛 바닷물에 두 손을 담그면
파란 하늘빛 물이 들지요.
어여쁜 초록빛 손이 되지요.
초록빛 여울물에 두 발을 담그면
물결이 살랑 어루만져요.
우리 순이 손처럼 간지럼 줘요.

☆ 동요 〈초록 바다〉

Date

(2장)

달이
떴다고
전화를
주시다니요.

사랑하는 사람을 생각하면
나를 아끼고 세상도 사랑하도 싶어져요.
마음을 담아, 누군가를 생각하며 따라 써 보아요.

달이 떴다고 전화를 주시다니요
이 밤 너무 신나고 근사해요
내 마음에도 생전 처음 보는
환한 달이 떠오르고
산 아래 작은 마을이 그려집니다

◇ 김용택 〈달이 떴다고 전화를 주시다니요〉 중

Date

사랑은 이 세상에서
가장 강력한 힘입니다.
동시에 무엇보다 겸손한
힘이기도 합니다.

◇ 마하트마 간디

Date

소중한 사람들

완벽한 것만 찾아서는 절대 행복해질 수 없다.

◇ 레프 톨스토이 《안나 카레니나》 중

《안나 카레니나》는 러시아의 작가 레프 톨스토이가 1877년에 발표한 장편 소설이야. 19세기 러시아 상류 사회에서 펼쳐지는 사랑과 결혼, 개인의 욕망 등을 다룬 이야기지. 아름다운 여인 안나는 결혼을 했지만 매력적인 장교 브론스키를 만나 사랑에 빠지고 결국 비극적인 결말을 맞이해. 위 문장은 완벽함을 추구하는 태도보다는 용서와 이해가 인간관계에서 더 큰 행복과 만족감을 가져온다는 뜻을 담고 있지.

Date

남이 자신을 알아 주지 않는 것을
근심하지 말고,
내가 남을 알지 못함을 걱정하라.

◇ 공자 《논어》 중

Date

소중한 사람들

오, 둥근 궤도 안에서 한 달 내내 변하는
지조 없는 달에게는 맹세하지 마세요.

◇ 셰익스피어 《로미오와 줄리엣》 중

Date

소중한 사람들

사랑은 가장 가까운 사람,
가족을 돌보는 것부터 시작됩니다.

◇ 마더 테레사

마더 테레사는 인도의 가난한 사람들을 위해 봉사하고 헌신하신 분이야. 인도 콜카타에 '사랑의 선교회'를 세우고 평생 병자, 고아, 빈민들을 돌보았지. 그 공로를 인정받아 1979년에 노벨 평화상을 수상했고 2016년엔 교황 프란치스코에 의해 가톨릭 성인으로 시성되었어. 위 문장은 위대한 사랑도 일상 속의 작은 실천에서 시작된다는 뜻이야.

Date

소중한 사람들

용감한 마음과 공손한 혀, 그것만 있으면
정글을 헤치고 어디로라도 갈 수 있단다.

◇ 러디어드 키플링 《정글북》 중

《정글북》은 영국 작가 러디어드 키플링의 작품으로, 인도 정글을 배경으로 한 이야기들을 담고 있어. 가장 유명한 이야기는 인간 아이 모글리가 늑대들에게 길러지며 여러 동물들과 교류하는 내용이지. 용기와 공손함에 대한 위 문장은 정글뿐 아니라 인간 세계에서도 어려운 상황을 극복하고 헤쳐 나가는 데 필요한 자질이 무엇인지 말해 주고 있어.

Date

소중한 사람들

너와 함께 보내는 날은 언제나 내게 최고의 하루야. 그리고 오늘은 나의 또 다른 최고의 날이기도 하고.
"잘 가"라고 말하기 아쉬운 친구가 있다는 게 내게 얼마나 큰 행운인지 모르겠어.

◇ 영화 〈곰돌이 푸〉 중

Date

대화를 한다는 것은 상대방이 뭔가 좋은 것을 갖고 있다고 확신하는 것입니다.

◇ 프란치스코 교황

Date

어떤 계산도 있을 수 없지.
우리는 사랑하기 때문에 사랑하는 거니까.

◇ 빈센트 반 고흐 〈테오에게 보낸 편지〉 중

빈센트 반 고흐는 네덜란드의 화가야. 강렬한 색채, 거친 붓질, 독특한 스타일의 작품으로 잘 알려져 있지. 〈해바라기〉, 〈자화상〉, 〈별이 빛나는 밤〉과 같은 걸작을 남겼어. 고흐는 동생 테오와 편지를 주고받으면서 예술적 고뇌와 정신적 고독을 나누곤 했지.

Date

"소중한 사람들"

원자를 쪼갤 줄은 알면서
마음속에 사랑이 없는 사람은
그저 괴물일 뿐이다.

◇ 지두 크리슈나무르티

지두 크리슈나무르티는 인도의 철학자이자 영적인 지도자야. 그는 기존의 종교나 이념에서 벗어나 스스로 생각하고 깨달음을 찾는 것이 중요하다고 가르쳤어. 바로 자유와 진리를 탐구하라는 가르침이었지. 그가 쓴 《아는 것으로부터의 자유》라는 책에는 자유에 대한 철학적 통찰이 잘 담겨 있어.

Date

☆ 소중한 사람들 ☆

나는 당신의 의견에 동의하지 않습니다. 그러나 만일 당신이 그 의견 때문에 박해를 받는다면 나는 당신의 말할 자유를 위해 끝까지 싸울 것입니다.

◇ 에블린 베아트리스 홀 《볼테르의 친구들》 중

이 말은 프랑스의 사상가 볼테르가 한 것으로 알려져 있지만 사실은 에블린 베아트리스 홀이 볼테르의 사상을 요약하여 쓴 문장이야. 표현의 자유와 중요성을 강조하는 말이지. 각자의 생각이 다르더라도, 의견을 표현할 권리는 소중하다는 뜻을 담고 있어.

Date

소중한 사람들

이 흰 바람벽에
내 가난한 늙은 어머니가 있다
내 가난한 늙은 어머니가
이렇게 시퍼러둥둥하니 추운 날인데 차디찬
물에 손을 담그고 무이며 배추를 씻고 있다
또 내 사랑하는 사람이 있다
내 사랑하는 어여쁜 사람이

◇ 백석 〈흰 바람벽이 있어〉 중

Date

사랑은 지배하는 것이 아니라
자유를 주는 것입니다.

◇ 에리히 프롬

Date

소중한 사람들

당신은 나의 안식, 당신은 마음의 평화,
당신은 하늘이 내게 주신 것.
당신의 사랑은 나를 가치 있게 만들고,
당신의 시선은 나를 맑게 하며,
당신은 나를 사랑스럽게 높여 준다오.
나의 선한 영혼, 보다 나은 나의 반쪽.

◇ 슈만 〈헌정〉 중

독일의 작곡가 로베르트 슈만은 낭만주의 음악을 대표하는 인물이야. 피아노 음악, 가곡, 교향곡, 실내악 등 다양한 작품을 남겼지. 그의 아내 클라라 슈만도 피아니스트이자 작곡가였는데, 두 사람은 서로를 사랑하고 존중했으며 그 마음은 작품에도 영향을 끼쳤지. 가곡 〈헌정〉은 슈만이 클라라에게 바친 결혼 선물이자 마음이 담긴 사랑의 노래야.

Date

사막이 아름다운 것은 그것이 어딘가에 오아시스를 감추고 있기 때문이야.

◇ 생텍쥐페리 《어린 왕자》 중

《어린 왕자》는 생텍쥐페리가 1943년에 발표한 동화야. 소행성에 살고 있는 어린 왕자가 자신의 별을 떠나 여러 별들을 여행하는 이야기를 담고 있어. 어린 왕자는 자신의 별에 있는 한 송이 장미꽃을 소중하게 여기고 있었지. 마치 사막의 오아시스처럼, 소중한 사람과의 관계도 깊이 알아갈수록 숨겨진 아름다움을 발견하게 되는 건 아닐까?

Date

소중한 사람들

나는 문간에 서서 기다리리.
새벽 새가 울며 지새는 그늘로
세상은 희게, 또는 고요하게,
번쩍이며 오는 아침부터,
지나가는 길손을 눈여겨보며,
그대인가고, 그대인가고.

◇ 김소월 〈나의 집〉 중

Date

어린이는 어른보다 한 시대 더 새로운 사람입니다. 어린이 뜻을 가볍게 보지 마십시오.

◇ 방정환

어린이날을 만든 방정환은 아동 문학가인 동시에 독립운동가였고 교육자이기도 했어. '어린이'라는 말을 가장 처음 만들어서 사용한 분이지. 그 전까지만 해도 어린이는 '작은 어른' 정도로만 생각되어졌고 교육을 잘 받지 못하고 힘든 노동을 하기도 했었어. 그러나 방정환의 노력 덕분에 어린이의 인격과 권리가 존중되는 문화가 만들어진 거야.

Date

진실된 우정이란 느리게 자라나는 나무와 같다.

✧ 조지 워싱턴

Date

내가 당신을 안다는 그 자체가 기분 좋은 일이야.

◇ 영화 〈이보다 더 좋을 순 없다〉 중

Date

소중한 사람들

사랑은 우리를 살아 있게 한다.

◇ 존 레논

존 레논은 영국의 가수이자 작곡가로 전설적인 밴드 비틀스의 멤버였어. 활동 후기에는 평화, 사랑, 인권, 그리고 전쟁을 반대하는 활동도 많이 하며 대중문화에 큰 영향을 끼쳤지. 존 레논의 노래에는 아름다운 멜로디뿐 아니라 사회·정치적인 메시지도 많이 담겨 있어.

Date

☆ 소중한 사람들 ☆

마음의 문은 한 사람에게 열리고 나면
다른 사람도 들락거릴 수 있게 된다.

◇ 영화 〈어바웃 어 보이〉 중

Date

☆ 소중한 사람들 ☆

눈 오는 날은 마음이 고와집니다. 먼 데 있는 사람이 그리워집니다. 아무라도 껴안고 싶게 다정해지는 눈 오는 날, 퍼붓는 눈 속에 저무는 거리를 혼자서 걸어가는 재미! 아아, 나는 어릴 때부터 얼마나 눈 쏟아지는 북극의 거리를 그리며 컸는지 모릅니다…….

◇ 방정환 《어린이》 4권 11호 중

Date

소중한 사람들

함께 영원히 있을 수 없음을 슬퍼 말고.
잠시라도 함께 있을 수 있음을 기뻐하고.
더 좋아해 주지 않음을 노여워 말고.
이만큼 좋아해 주는 것에 만족하고.

◇ 한용운 〈인연설〉 중

Date

너의 말과 행동을 칭찬하는 자들보다
친절하게 너의 결점을 말해 주는 친구를
사귀어라.

◇ 소크라테스

Date

3장

내
기분은
내가
정해

감정이 흔들릴 때 차분히 앉아 연필을 들어 보세요.
또박또박 마음을 쓰고 나면 훌훌 가볍게
자리에서 일어날 수 있을 거예요.

마음 다스리기

내 기분은 내가 정해.
오늘의 기분은 '행복'으로 할래.

✿ 영화 〈이상한 나라의 앨리스〉 중

Date

마음 다스리기

욕심의 반대는 욕심 없음이 아닌,
잠시 내게 머무름에 대한 만족입니다.

❋ 달라이 라마

Date

✳ 마음 다스리기 ✳

좁은 길에서는 한 걸음 물러서서
다른 사람을 먼저 가게 하고
맛있는 음식은 조금 덜어
다른 사람들도 맛보게 하라.
이것이 세상을 살아가는
가장 편하고 즐거운 방법 중의 하나다.

✿ 홍자성 《채근담》 중

《채근담》은 명나라 시기 중국 철학자 홍자성이 지은 수양서로 동양의 고전 중 하나야. 짧은 격언과 우화 형식의 이야기로 구성되어 있고, 인생의 지혜와 도덕적 교훈이 담겨 있지. 옛 고전이지만 오늘날에도 시대를 초월한 지혜를 나눠 주고 있어.

Date

마음 다스리기

걱정을 해서 걱정이 없어진다면 걱정할 일이 없겠네.

✿ 티베트 속담

Date

✳ 마음 다스리기 ✳

우린 답을 찾을 거야, 언제나 그랬듯이.
지구의 끝이 결코 우리의 끝은 아니니까.

✿ 영화 〈인터스텔라〉 중

Date

마음 다스리기

별들이 아름다운 건 눈에 보이지 않는 꽃 한 송이 때문이야. 별들을 바라보는 것만으로도 난 행복할 거야.

✽ 생텍쥐페리 《어린 왕자》 중

Date

✷ 마음 다스리기 ✷

아주 먼 훗날에 나는 어디선가
한숨을 쉬며 이야기할 것입니다.
숲속에 두 갈래 길이 있었다고.
나는 사람이 적게 간 길을 택하였다고.
그리고 그로 인해 모든 것이 달라졌다고.

✽ 로버트 프로스트 〈가지 않은 길〉 중

Date

마음 다스리기

우울할 땐 네가 좋아하는 것만 생각해 봐.
난 기분이 좋지 않을 때, 좋은 것만 생각한단다.

❊ 영화 〈사운드 오브 뮤직〉 중

Date

✳ 마음 다스리기 ✳

태도는 선택입니다. 행복은 선택입니다. 긍정적인 마음은 선택입니다. 친절함은 선택입니다. 나눔은 선택입니다. 존중은 선택입니다. 당신이 어떤 선택을 하든 선택이 당신을 만듭니다. 현명하게 선택하세요.

❊ 로이 베넷

로이 베넷은 긍정적인 사고와 창의적인 생각을 전달하는 작가야. 위 문장엔 우리의 태도와 행동에 대한 책임이 우리 자신에게 달려 있다는 뜻이 담겨 있어. 또한 단순한 생각이나 계획에 머무르지 말고 실제 행동으로 옮기는 게 중요하다는 메시지도 있지. 순간의 선택이 우리 자신을 만들어. 우리도 삶의 모든 과정을 통해 더 나은 내가 되어 볼까?

Date

✴ 마음 다스리기 ✴

불행은 견디는 힘이 약하다는 것을 간파하면 더욱 무겁게 내리누른다.

✿ 윌리엄 셰익스피어 《리처드 2세》 중

Date

✳︎ 마음 다스리기 ✳︎

우리는 우리가 겪는 고통을 선택합니다.
그것이 우리를 더욱 강하게 만들 것입니다.

✺ 프리드리히 니체

Date

마음 다스리기

욕심보다 더한 불길이 없고 성냄보다 더한 독이 없으며 고요보다 더한 즐거움이 없다.

 석가모니

Date

✱ 마음 다스리기 ✱

학문을 진전시키고 지혜를 높이려면 아홉 가지 생각이 필요하다.
볼 때는 똑바로 볼 것, 들을 때는 총명할 것, 얼굴빛은 온화할 것, 용모는 공손할 것, 말은 충성되게 할 것, 일할 때는 공경할 것, 의심날 땐 물을 것, 분할 때는 참을 것, 재물을 얻을 땐 옳은가를 생각해야 한다.

✿ 이이 《격몽요결》 중

율곡 이이는 조선의 학자이며 정치가야. 그의 어머니 신사임당은 조선을 대표하는 여성 예술가였지. 이이의 사상은 당시 조선 사회에 큰 영향을 끼쳤어. 위 문장은 율곡 이이가 후배 학자들을 위해 쓴 《격몽요결》에 실린 것으로 이 문장에서 말하는 아홉 가지 생각은 각각 학문을 닦고 지혜를 높이기 위한 덕목을 뜻하고 있어.

Date

✳︎ 마음 다스리기 ✳︎

안심하면서 먹는 한 조각의 빵이
근심하면서 먹는 잔치보다 낫다.

✲ 이솝

Date

마음 다스리기

수면은 침묵의 동반자이다.
문제가 있으면 내일 생각하라.

✽ 발타자르 그라시안

수면: 「명사」 잠을 자는 일.
침묵: 「명사」 아무 말도 없이 잠잠히 있음. 또는 그런 상태.
동반자: 「명사」 어떤 행동을 할 때 짝이 되어 함께하는 사람.

Date

마음 다스리기

누군가 나의 기분을 상하게 하려 할 때,
나는 나의 영혼을 아주 높이 끌어올린다.
그래서 그것이 내 영혼에 도달하지 못하게 한다.

✻ 르네 데카르트

Date

마음 다스리기

지도만 보면 뭐 해. 남이 만들어 놓은 지도에 네가 가고 싶은 곳이 있을 것 같아? 넌 너만의 지도를 만들어야지.

❋ 영화 〈이상한 나라의 앨리스〉 중

Date

마음 다스리기

한때는 그토록 마음 아픈 기억이었지만 이젠 고통도 꽃잎처럼 떨어져 시들고 말았다. 오늘 느낀 아픔도 언젠가는 보잘것없이 시들고 말까?

✿ 헤르만 헤세 《나르치스와 골드문트》 중

Date

마음 다스리기

너무 힘들어 눈물이 흐를 때는
가만히 네 마음 가장 깊은 곳에 가 닿는
너의 하늘을 보아

✿ 박노해 〈너의 하늘을 보아〉 중

Date

마음 다스리기

마음을 고요하게 안정시켜
사물을 마주할 수 있다면
배우지 않았더라도
덕 있는 군자라고 할 수 있다.

❋ 범립본 《명심보감》 중

Date

마음 다스리기

미래에 대해 걱정하는 건
풍선껌을 씹어서 방정식을 풀겠다는
것만큼이나 소용없는 짓이라고 했다.

✿ 영화 〈어바웃 타임〉 중

〈어바웃 타임〉은 시간 여행 능력이 있는 아버지와 아들을 통해 사랑과 가족의 소중함에 대해 이야기해 주는 영화야. 감동적이고 따뜻하며 유머러스한 스토리로 잔잔한 감동을 주지. 위 대사는 미래에 대한 걱정보다는 현재를 충실히 살아가는 게 더 중요하다는 의미라는 걸 알겠지?

Date

마음 다스리기

한 번의 웃음이 백 번의 한숨을
날려 버린다.

✿ 윌리엄 셰익스피어

Date

마음 다스리기

당신이 정말로 간절히 원한다면
온 우주가 그것이
실현되도록 도와줄 것입니다.

✿ 파울로 코엘료

Date

마음 다스리기

친절하라. 당신이 만나는 사람 모두가 힘든 싸움을 하고 있다.

✽ 플라톤

플라톤은 고대 그리스의 철학자로 서양 철학의 아버지라고 불리지. 그는 소크라테스의 제자이며 아리스토텔레스의 스승이기도 했어. 플라톤은 어려운 철학을 이야기하면서도 타인에 대한 친절과 이해가 얼마나 중요한지 강조하고 있어.

Date

✱ 마음 다스리기 ✱

인생은 초콜릿 상자에 있는 초콜릿과 같단다. 어떤 초콜릿을 선택하느냐에 따라 맛이 달라지듯이 우리의 인생도 무엇을 선택하느냐에 따라 그 결과가 달라질 수 있지.

✿ 영화 〈포레스트 검프〉 중

Date

4장

삶이
꽃다발처럼
환한
시작이야

산다는 게 얼마나 눈부신 일인지 이 문장을 만나 보면 알 수 있어요.
오늘을 어루만지는 마음으로 꾹꾹,
나의 삶을 응원해 주어요.

☆ 삶의 희망 ☆

매순간 모든 이로부터 버려질 쓰레기까지
뽀뽀하는 마음으로
"네 일은 잘 될 거야 네 가슴은 봄바다니까"
인사하는 바로 그것,
삶이 꽃다발처럼 환한 시작이야.

★ 신현림 〈키스, 키스, 키스!〉 중

Date

☆ 삶의 희망 ☆

행운은 우연이 아닌
노역이라 합니다.
운명의 값진 미소는
벌어들이는 겁니다.

★ 에밀리 디킨슨 〈행운은 우연이 아닙니다〉 중

우연: 「명사」 아무런 원인과 결과의 관계가 없이 뜻하지 않게 일어난 일.
노역: 「명사」 몹시 괴롭고 힘들게 일함. 또는 그런 노동.
운명: 「명사」 인간을 포함한 모든 것을 지배하는 초인간적인 힘. 또는 그것에 의하여 이미 정하여져 있는 목숨이나 처지.

Date

※ 삶의 희망 ※

그대가 삶을 굳이 이해하지 않더라도,
저절로 축제가 됩니다.
길을 가다 불어오는 저 바람에
숱한 꽃잎을 선물 받는 아이처럼
나날이 그러하게 하세요.

★ 라이너 마리아 릴케 〈인생이란 꼭 이해해야 할 필요는 없는 것입니다〉 중

Date

☆ 삶의 희망 ☆

인생은 너무 짧다.
그래서 나는 아이들을 볼 때마다
최대한 그들의 모습을 즐기며,
시간이 있을 때마다
사랑하는 사람 그리고 나의 가족,
친구들의 존재를 즐긴다.

★돈 미겔 루이스 〈인생〉 중

Date

☆ 삶의 희망 ☆

사람들은 단순한 미소가 얼마나 많은
행운을 일으키는지 결코 알 수 없습니다.

★ 마더 테레사

Date

☆ 삶의 희망 ☆

인생은 바다에서 조난을 당한 것과 같다. 그러나 아무리 그렇더라도, 우리는 구명보트 위에서 노래를 부르는 것을 잊지 말아야 한다.

★ 볼테르

조난: 「명사」 항해나 등산 따위를 하는 도중에 재난을 만남.

볼테르는 프랑스의 철학자, 작가, 역사가로 계몽주의 시대의 인물 중 하나야. 그는 자유와 이성을 강조했고, 종교의 권위를 비판했지. 볼테르는 날카롭고 풍자적인 문체로 강한 메시지를 전달하는 글을 많이 남겼다고 해.

Date

삶의 희망

돈에 맞춰 일하면 직업이고,
돈을 넘어 일하면 소명이다.
직업으로 일하면 월급을 받고,
소명으로 일하면 선물을 받는다.

★ 김구

Date

☆ 삶의 희망 ☆

기억해요, 레드. 희망은 좋은 거예요.
어쩌면 제일 좋은 걸지도 몰라요.
그리고 좋은 것은 절대 사라지지 않아요.

★ 영화 〈쇼생크 탈출〉 중

Date

☆ 삶의 희망 ☆

삶의 가장 큰 영광은 절대로 떨어지지 않는 것이 아니라 떨어질 때마다 솟아오르는 데 있습니다.

★ 토마스 만

Date

삶의 희망

정말로 행복한 날들이란 멋지고 놀라운 일이 일어나는 날이 아니라, 진주알들이 하나하나 한 줄로 꿰어지듯 소박하고 작은 기쁨이 연결되는 날인 것 같아요.

★ 루시모드 몽고메리 《빨간머리 앤》 중

Date

☆ 삶의 희망 ☆

매일 아침 일어나자마자 다음과 같이 다짐을 해 보자.
나는 이 세상 어느 누구도 두려워하지 않을 것이다.
나는 오로지 신만을 두려워할 것이다.
나는 어느 누구에게도 나쁜 감정을 품지 않을 것이다.
나는 불의를 행하는 누구에게도 굴복하지 않을 것이다.
나는 진실로 거짓을 물리칠 것이다. 그리고 거짓에 대항하는 과정에서 발생하는 모든 고통을 감내할 것이다.

★ 마하트마 간디

불의: 「명사」 의리, 도의, 정의 따위에 어긋남.
굴복: 「명사」 머리를 숙이고 꿇어 엎드림. 힘이 모자라서 복종함.

대항: 「명사」 굽히거나 지지 않으려고 맞서서 버티거나 항거함.

Date

☆ 삶의 희망 ☆

꿈을 가져. 그리고 꿈을 꼭 지켜.
사람들은 스스로는 하지도 못하면서
'넌 할 수 없다'고 말하고 싶어 하거든.

★ 영화 〈행복을 찾아서〉 중

Date

삶의 희망

슬픔이 그대의 삶으로 밀려와
마음을 흔들고
소중한 것을 쓸어 가 버릴 때면
그대 가슴에 대고 말하라.
"이 또한 지나가리라."

★ 랜타 윌슨 스미스 〈이 또한 지나가리라〉 중

Date

☆ 삶의 희망 ☆

기억을 증진시키는 가장 좋은 방법은,
감탄하는 것이다.

★ 《탈무드》 중

Date

☆ 삶의 희망 ☆

행복은 마치 나비와 같다. 잡으려 하면 할수록 피해 다닌다.
그러나 다른 곳으로 주의를 돌리면 어느새 어깨 위에 살포시 앉을 것이다.

★ 헨리 데이비드 소로

미국의 철학자이며 수필가인 헨리 데이비드 소로는 자연과의 교감을 중요하게 생각하는 사람이었어. 소로의 작품 《월든》은 연못가에 지은 작은 오두막에서 2년 2개월 동안 자급자족하며 살았던 경험을 기록한 책이야. 소로는 물질적인 욕망을 버리고 간소한 삶을 추구했고, 부당한 법이나 정책에 저항하라고 주장하기도 했어.

Date

삶의 희망

빛을 밝히는 것만 기억한다면 행복은 가장 어두운 시기에도 찾을 수 있어.

★ 영화 〈해리 포터와 아즈카반의 죄수〉 중

Date

신은 한쪽 문을 닫을 때,
다른 창문을 열어 놓으신다.

★ 영화 〈사운드 오브 뮤직〉 중

Date

☆ 삶의 희망 ☆

너희들이 원하는 것은 이미 너희들 속에 다 있어. 스스로 찾지 못했을 뿐이지.

★ 영화 〈오즈의 마법사〉 중

〈오즈의 마법사〉는 도로시와 그녀의 친구들인 허수아비, 양철 나무꾼, 겁쟁이 사자가 각자 원하는 것을 얻기 위해 오즈의 마법사를 찾아간다는 내용의 동명의 동화를 기반으로 만든 영화야. 그들은 각자 지혜와 심장과 용기를 갖고 싶어 했지만 여행을 통해 그것들을 자연스레 발견하게 돼. 진짜 내가 원하는 변화와 성장은 외부로부터 오는 게 아니라 나의 내면에서 발견하는 것이지.

Date

☆ 삶의 희망 ☆

모르겠어요. 춤을 추면 그냥 기분이 좋아요. 조금은 어색하기도 하지만 한번 시작하면 모든 걸 잊게 되고, 그리고 모든 게 사라져요. 사라져 버리는 것 같아요. 내 몸 전체가 변하는 기분이죠. 마치 몸에 불이라도 붙은 느낌이에요. 전 그저 한 마리의 나는 새가 되죠. 마치 전기처럼요.

★ 영화 〈빌리 엘리어트〉 중

Date

☆ 삶의 희망 ☆

진실은 인간을 자유롭게 만든다.

★ 미겔 데 세르반테스 《돈키호테》 중

Date

✩ 삶의 희망 ✩

나는 찾고 있다. 나는 노력하고 있다.
나는 온 마음을 다해 그 안에 있다.

★ 빈센트 반 고흐

Date

☆ 삶의 희망 ☆

희망이 있는 곳에 삶이 있어요. 저는 절망적인 순간에 고통을 생각하지 않아요. 아직 남아 있는 아름다움을 생각해요. 당신 안에 남아 있는 행복을 찾아보세요. 주변의 아름다운 것들을 생각하며 행복해지세요.

★ 안네 프랑크 《안네의 일기》 중

안네 프랑크는 제2차 세계 대전 동안 나치의 박해를 피해 숨어 지냈던 유대인 소녀야. 숨어 지내던 2년 동안 자신의 생각과 감정을 일기장에 모두 기록했어. 일기는 안네의 열세 살 생일에 시작되었고, 2년 뒤, 체포되기 3일 전까지 작성되었어. 일기 속에는 전쟁의 공포, 청소년기의 고민 등이 솔직하게 표현되어 있지. 《안네의 일기》는 어린이와 어른 모두에게 자유와 희망이 무엇인지 생각해 보게 하는 중요한 작품이야.

Date

나는 눈과 귀와 혀를 빼앗겼지만,
내 영혼을 잃지 않았기에, 그 모든 것을
가진 것이나 마찬가지입니다.

★ 헬렌 켈러

Date

☆ 삶의 희망 ☆

희망을 갖지 않는 것은 어리석은 일이다. 그건 죄악이라고 그는 생각했다.

★ 어니스트 헤밍웨이 《노인과 바다》 중

소설 《노인과 바다》는 쿠바의 작은 마을에 사는 늙은 어부 산티아고가 바다로 나가 거대한 청새치를 낚는 이야기야. 그 과정은 절대 쉽지 않았기에 노인은 며칠 밤낮 동안 극한의 싸움을 벌여야 했지. 그러나 청새치를 배에 묶어서 돌아오는 길에 상어 떼의 공격을 받게 되고 애써 잡은 청새치는 뼈만 남아 버리고 말아. 하지만 계속되는 불운 앞에서도 산티아고는 좌절하지 않고 다시 바다로 나갈 기회를 엿보지. 남들의 시선에선 그는 실패했지만 진짜 승리를 쟁취한 건 아니었을까?

Date

☆ 삶의 희망 ☆

새는 투쟁하여 알을 깨고 나온다. 태어나려는 자는 먼저 한 세계를 파괴해야 한다. 새는 신에게로 날아간다.

★ 헤르만 헤세 〈데미안〉 중

Date

작가소개 분홍돌고래

다양한 경험을 가진 작가들이 동심을 어르는 좋은 콘텐츠를 창작하기 위해 모였습니다.
보통의 바다 돌고래보다는 조금 느리지만 분홍빛을 내는 신비로운 분홍돌고래처럼,
색다르고 아름다운 이야기들을 만들고 있어요.
우리 이야기로 어린이들이 꿈의 바다를 마음껏 유영하기를 바랍니다.

생각이 트이고 마음이 단단해지는 어린이 필사 노트
또박또박 꾹꾹,
글씨로 마음의 힘을 길러요

초판 1쇄 발행 2024년 9월 19일

지은이	분홍돌고래
펴낸이	권미경
마케팅	심지훈, 강소연, 김재이
디자인	어나더페이퍼
일러스트	서수연
펴낸곳	㈜돌핀북
출판등록	2021년 8월 30일 제2021-000179호
주소	서울시 마포구 토정로 47 서일빌딩 701호
전화	02-322-7187
팩스	02-337-8187
메일	sky@dolohinbook.co.kr

ⓒ 분홍돌고래, 2024
ISBN 979-11-93487-04-4 (73710)

· 재수록 허가를 위해 노력하였으나, 저작권자와 연락이 닿지 않아 허가를 받지 못한 부분이 일부 있습니다.
  연락 주시면 처리하겠습니다.
· 이 책을 무단 복사·전재하는 것은 저작권법에 위반됩니다.
· 잘못 만들어진 책은 구입하신 서점에서 교환해 드립니다.